EL BARCO
DE VAPOR

Troti, García,
el ratoncito Pérez
y compañía

Begoña Oro

Ilustraciones de Alejandro Villén

sm

fundación sm

**La Fundación SM destina los beneficios
de las empresas SM a programas culturales
y educativos, con especial atención a los
colectivos más desfavorecidos.**

Si quieres saber más sobre los programas
de la Fundación SM, entra en
www.fundacion-sm.org

LITERATURA**SM**•COM

Primera edición: septiembre de 2024

Dirección editorial: Berta Márquez
Coordinación editorial: Carolina Pérez
Dirección de arte: Lara Peces
Coordinación de arte: Mireia Rey
Colorista: Juanje Infante

© del texto: Begoña Oro, 2024
© de las ilustraciones: Alejandro Villén, 2024
© Ediciones SM, 2024
    Impresores, 2
    Parque Empresarial Prado del Espino
    28660 Boadilla del Monte (Madrid)
    www.grupo-sm.com

ISBN: 978-84-1182-744-7
Depósito legal: M-13308-2024
Impreso en España / *Printed in Spain*

Para Diana y María del Mar Valero,
que me propusieron que Troti fuera al dentista,
y una cosa llevó a la otra...

Este es **Troti**,
un unicornio siberiano
o elasmoterio.
Es un animal prehistórico.
Le encanta trotar,
comer y jugar.
Jugando al escondite,
cayó en un agujero
del tiempo. ¡Y ahora
ha llegado desde
la Prehistoria hasta ti!

Pero Troti no vino solo.
Con él llegó su familia prehistórica:
LA FAMILIA MUG.

A la abuela **Uma**
le encantan los cuentos,
pintar y descubrir
deportes e inventos.
Es la mayor fan
de la vida moderna.

Pop, el padre de Uri,
es hombre de pocas
palabras. Tiene el cuerpo
casi tan grande
como el corazón.

Uri es generoso, tímido y curioso. Le encanta hacer mimos a Troti y pasar tiempo con su amiga Mía.

Mía fue quien encontró a los Mug. Es graciosa, impaciente y valiente. ¡Mía es muy suya! Y ahora es vecina de los Mug. Mía está feliz de tener tan cerca a sus nuevos amigos.

Los Mug están descubriendo un montón de cosas nuevas. Pero tú también puedes aprender un montón de cosas de los Mug, como, por ejemplo, cómo cuidar a **Verdi**.

Uri tiene mala cara.

Mía se da cuenta y le pregunta:

—¿Qué te pasa, Uri?

—Se me va a caer un diente. Se me mueve.

—¿Y te duele?

—No, es solo que estoy triste.

—¡No te preocupes!
A mí ya se me han caído cuatro.
Son dientes de leche.
Bueno, los llaman así,
pero no son de leche de verdad.
Cuando se te caen, te salen otros.
¡No te vas a quedar sin dientes!

—Ya lo sé —dice Uri—.
No estoy triste por eso.
Me da pena que no venga
el mamut García...
　—¿El mamut García?
—pregunta Mía.

Mía sabe que los mamuts
son animales prehistóricos
que existieron hace muchos años,
como Troti.
Sabe que eran peludos
y que tenían dos colmillos y una trompa.
Pero nunca había oído hablar
del «mamut García».

Entonces, Uma empieza a contar:

—En nuestros tiempos,
lo que ahora llamáis «Prehistoria»,
cuando a alguien se le cae un diente,
viene el mamut García.

Como cada vez que Uma
cuenta una historia,
el salón de casa parece
transformarse en una cueva.
Todos se quedan embobados,
como ante un fuego que no puedes
dejar de mirar. Hasta Troti se queda
quieto escuchando.

Y Uma sigue contando:

CUANDO CAE EL DIENTE
DE UNA CRIATURA
Y LLEGA LA NOCHE
FRÍA Y OSCURA,
CON LUNA O SIN ELLA,
NIEVE O LLUEVA,
EL MAMUT GARCÍA
SE ACERCA A LA CUEVA.

DESDE LA ENTRADA,
CON MUCHA DESTREZA,
DESPLIEGA SU TROMPA
HASTA LA PIEZA.
SE LLEVA EL DIENTE
EN COMPLETO SECRETO
Y DEJA A CAMBIO
UN BELLO AMULETO.

AL DÍA SIGUIENTE,
NO HAY RASTRO DEL DIENTE,
PERO SÍ UN FUERTE OLOR PESTILENTE:
¡LA MARCA INCONFUNDIBLE
DEL MAMUT GARCÍA!
SI SE CAE OTRO DIENTE,
VOLVERÁ OTRO DÍA.

15

—¡No te lo vas a creer!
—exclama Mía cuando Uma
acaba de contar—. ¡En nuestra época
también viene un animal
y se lleva por la noche
los dientes que se nos caen!
   —¿Mamut? ¿Mamut?
—pregunta Troti emocionado.
   —No. No es un mamut.

—¿Qué es? ¿Un elefante?
—pregunta Pop.

—¿Un oso hormiguero de los dientes?
—se le ocurre a Uri.

—¿Un tapir? —propone Uma,
que acaba de descubrirlo
en una enciclopedia de animales.

—Frío, frío... —dice Mía.
Ninguno se acerca para nada
al animal que es—. Es... ¡un ratón!
¡El ratoncito Pérez!

Uma, Pop, Uri y Troti
se echan a reír a carcajadas.
¡Cómo va a coger un ratón un diente!
¡Con lo pequeño que es!
¡Y ni siquiera tiene trompa!
Les parece increíble.

Mía les cuenta su historia.
A ver si así la creen:

EL RATONCITO PÉREZ
COLECCIONA DIENTES.
COMO ES TAN PEQUEÑITO,
SE CUELA Y NI LO SIENTES.

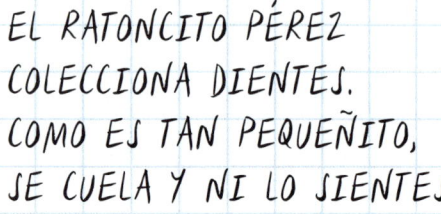

TÚ LE DEJAS EL DIENTE
DEBAJO DE TU ALMOHADA.
CON ESO ES SUFICIENTE.
NO TIENES QUE HACER NADA.

ÉL LLEGA MIENTRAS DUERMES,
SE LLEVA SU TESORO
Y TE DEJA A CAMBIO
UNA MONEDA (NO DE ORO).

A VECES DEJA COSAS
O CARTAS PARA TI.
Y, CUANDO TE LEVANTAS,
TE SIENTES MUY FELIZ.

Uri se queda pensando
mientras empuja el diente
con la lengua.
  —¿Tú crees que el ratoncito Pérez
vendrá a por mi diente?
  —¡Seguro que sí! —exclama Mía.

Uri ya está un poco más animado.
Echará de menos la visita
del mamut García, ¡pero sería genial
que viniera el ratón Pérez!

Dos días después,
a Uri se le cae el diente.
Lo deja esperanzado
debajo de la almohada.
¿Vendrá el ratón Pérez?

Troti también está emocionado.
Quiere quedarse despierto toda la noche
para ver al ratoncito Pérez.
Aunque, por otro lado..., ¡qué sueño!

En casa de los Mug,
ya todos duermen.
Los ruidosos ronquidos de Pop
rompen el silencio.
Pero la familia ya está acostumbrada.
Es como dormir al lado de un tren.

Quizá por eso nadie oye
el tremendo estruendo que llega
desde el armario del pasillo.
«PORROM», suena a la vez
que el «RRRR» de Pop.
    ¡Es el mamut García!
Se ha abierto paso por el agujero
del tiempo con una misión
que cumplir.

Lo malo es que un piso
no se parece en nada a una cueva.
¡Está lleno de cosas!
¡Cosas por todas partes!
El mamut García da un paso
y tropieza con la armadura
del abuelo de Mía.

Menos mal que el ruido
de la armadura al caer coincide
con un ronquido de Pop.

El siguiente ruido
no es un golpe sino un grito.
Bueno, dos...

El mamut García ha visto algo
moviéndose por el pasillo.
Es un ser tan pequeño como fiero
a ojos del mamut García.
¡Qué miedo da!
Pero no es el único que da miedo...

El pequeño ser,
que no es otro que el ratón Pérez,
también se lleva un susto de muerte.
Aún no sabe que el mamut García
es herbívoro y no come animales.
Solo sabe que es ENORME, apesta
¡y da mucho miedo!

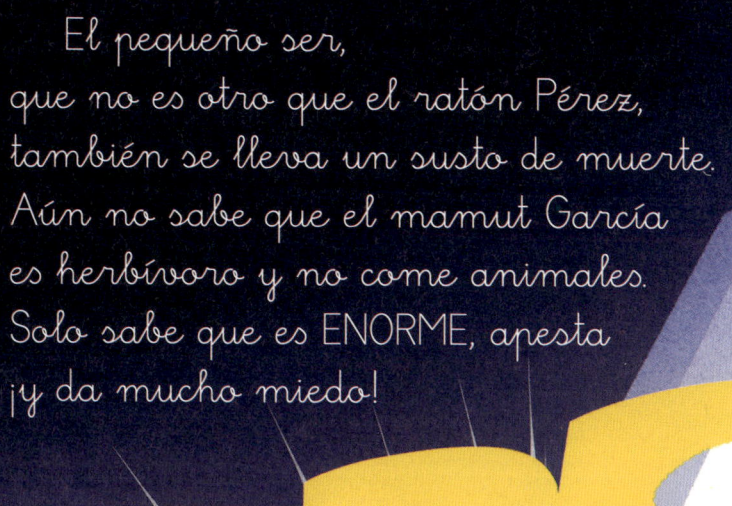

Menos mal que el sonoro encuentro
coincide con otro ronquido.

Pasan unos segundos quietos,
mirándose. El mamut parece aterrado.
«Definitivamente, no tiene pinta
de comer ratones», piensa el ratón Pérez.

—¿Quién eres tú y qué haces aquí?
—susurra por fin el ratón Pérez,
tapándose la nariz.

—So... soy el ma... mamut Ga... García
—tartamudea asustado el mamut—. ¿Y tú?

«RRRR», suena el ronquido de Pop.

—¡Chist! ¡Habla bajo!
No deben despertarse.

—¿Y tú qui... quién eres?
—repite en un susurro el mamut.

—Yo soy el ratón Pérez.

El mamut García sigue temblando.
—Tranquilo. No voy a hacerte daño
—dice el ratón Pérez—.
Pero ¿qué haces aquí?
Los mamuts como tú
viven en la Prehistoria, ¿no?
Claro, en esa época no había jabón.
Supongo que eso explica lo del olor...

—Yo... so... so... solo quería
co... coger un di... diente
—dice el mamut, aún un poco asustado.
El miedo es como un jersey
de cuello estrecho. A veces no se quita
así como así.

—¡No puede ser! ¡Ese diente es mío!
—exclama el ratoncito Pérez.

Cada uno explica al otro su misión.
¡Es la misma! Los dos quieren
el diente de Uri. Ahora sí que tienen
un problema.

—¡Yo vengo desde muy lejos
para dejar a Uri este amuleto!
—explica el mamut, envalentonado.
   —¡Pero esta no es tu época!
¡Ahora soy yo quien recoge los dientes!
¡Y traigo una moneda!
   «RRRR», tapa la discusión
un ronquido de Pop.

El ratoncito Pérez aprovecha
su pequeño tamaño para escabullirse.
¡Qué fácil le resulta ir
hasta el dormitorio de Uri!
Sin embargo, el mamut García
no se atreve a moverse.
Junto a él hay una estantería
llena de cosas. Si da un paso más,
tirará todo y le descubrirán.

¡Y debe cumplir su misión
en completo secreto!
    Pero hay algo
que el mamut García puede hacer.
Desde el pasillo, con mucha destreza,
despliega su trompa hasta la pieza.

El ratón Pérez
llega al dormitorio de Uri,
salta delicadamente sobre Troti,
con cuidado de no despertarlo,
y deja una moneda bajo la almohada.

Mientras, el mamut García
aprovecha y, con su trompa,
se lleva el diente en completo secreto
y deja a cambio un bello amuleto.

Lo que pasa es que,
de vuelta al pasillo, junto al diente,
en la trompa del mamut,
llega un polizón.
¡Es el ratoncito Pérez!
Se ha subido a la trompa,
aferrado al diente.

—¡Si te llevas el diente,
tendrás que llevarme a mí con él!
—susurra otra vez en el pasillo.
«RRRR», suena un nuevo ronquido.

El mamut García no sabe qué hacer.
Menudo lío tiene ahora.
¿Qué pasará si se lleva al ratón Pérez
a la Prehistoria? Millones de niños
se quedarán sin regalos.
Y él no quiere eso.

Lo que más le gusta
al mamut García de su trabajo
es la parte de dejar el amuleto.
Sí, le encanta hacer regalos.
«RRRR», ronca otra vez Pop.

—Mira, ¿sabes qué?
—dice por fin García—.
Quédate tú con el diente.
Si es que ya no sé qué hacer
con tantos dientes.
Empecé coleccionándolos
porque me hacía ilusión,
pero ya tengo tantos...
He hecho de todo con ellos:
pulseras, cuadros, collares...

El ratón Pérez calcula cuántos dientes
necesitaría el mamut García
para hacerse un collar.
¡Un montón! Tiene un cuello gigante.

—¡Yo hice hasta una casa!
—cuenta Pérez.

El mamut García calcula
cuántos dientes necesitó el ratón Pérez.
¡No tantos como necesitaría él
para hacerse una cueva!

—Ya no sé dónde meterlos
—confiesa García.
   —¡Ay, me pasa lo mismo!
   —Pero es que son tan bonitos...
—dicen suspirando los dos a la vez.
   Tienen alma de coleccionista.

Pero la conversación
se interrumpe cuando oyen
un ruido. ¡Alguien está saliendo
del dormitorio de Uri!

—¡Corre! —susurra el ratón Pérez—.
¡No pueden vernos!

—¡Adiós, Pérez!

—¡Adiós, García! —se despiden
apresuradamente.

Desde el fondo del pasillo,
Troti contempla la escena boquiabierto.

Troti pestañea.
¿Es eso un mamut?
¿Está soñando?
Al cerrar los ojos fuerte,
se pierde justo el momento
en que el mamut García
se mete en el armario.
   El ratón Pérez le cierra la puerta
antes de salir huyendo
por un pequeño agujero.
   —¿¡Mamuuut!? —grita Troti.

El grito de Troti despierta a Pop, Uma y Uri. Los tres salen corriendo al pasillo.

—¡Qué desastroti! —grita Uma,
al ver la armadura tirada por el suelo.
Cree que ha sido culpa de Troti—.
¿Y este olor?

—¡Yo no! —grita Troti—.
¡Mamut García y ratón Pérez!

—Eso es imposible, cariño —dice Uma.
Aunque ese olor pestilente...

Entonces Uri sale corriendo
a hacer una pequeña comprobación.
Mira bajo su almohada y...
—¡Es posible, abuela! ¡Mira!
Uri lleva una moneda
y un auténtico amuleto prehistórico.

—¿Cómo puede ser? —pregunta Uma.
La respuesta solo la tienen
el mamut García, el ratón Pérez...
y ahora tú.
¡Guárdales el secreto!

Si quieres saber quién se llevó el diente al final,
fíjate bien en la ilustración de las páginas 50 y 51.

¿Y tú?

El ratón Pérez y el mamut García coleccionan dientes. El abuelo de Mía colecciona recuerdos de sus viajes.

¡Yo colecciono marcapáginas!

Yo tengo varias gorras.

A mí me gustaría coleccionar amigos.

Yo colecciono hojas.

¿Y tú? ¿Qué coleccionas
o te gustaría coleccionar?
Escríbelo y dibújalo.

....

....

....

TE CUENTO QUE ALEJANDRO VILLÉN...

... es amante de la rutina. Ni viaja ni vive aventuras, y no tiene un lugar especial. Pero en su imaginación es amaestrador de gatos, diseña robots con los que conquistar el mundo y vive en una base submarina que abandona para defender su ciudad de los terribles peligros que la acechan. De pequeño quería ser zapatero y calvo como su padre, pero acabó dedicándose al dibujo y ondeando su melena al viento.

Alejandro Villén nació en Málaga. Su espíritu inquieto le ha llevado a trabajar en todos los sectores a su alcance: publicidad, televisión, enseñanza, juegos de mesa, videojuegos, *packaging*, terror, narrativa y libros escolares. Su estilo está influenciado por los autores que le acompañaron en su infancia, artistas como Cavazzano, Scarpa, Hergé, Morris y Uderzo, de los que admira la honradez de su dibujo y la vida que dan a cada uno de sus personajes.

TE CUENTO QUE BEGOÑA ORO...

... acude a veces a ferias del libro, que son lugares donde se encuentra con lectores y lectoras como tú. En esos momentos, le encanta escucharos. En la Feria del Libro de Valencia conoció a dos lectoras que le traían una nota: «Troti va al dentista y le da miedo. Esta es una idea para un nuevo libro». Begoña se metió la nota en su estuche de Troti y, ya de vuelta de la feria, por los Jardines del Turia, pensó que el ratoncito Pérez no podía faltar en una historia sobre dientes; el ratón Pérez le llevó al mamut García y... así nació esta historia. ¡Nunca se sabe dónde puede llevarte una idea! ¡Gracias!

Begoña Oro nació en Zaragoza. Fue editora y traductora. Es autora de colecciones como *La pandilla de la ardilla* y *Misterios a domicilio*. Le encanta escribir poesía.

Ha recibido premios como el Gran Angular, el Premio Hache, el Premio Jaén o el Premio Cervantes Chico. Algunos de sus libros se han traducido al alemán, coreano, griego, lituano, persa y otras lenguas.

Si quieres saber más sobre Begoña Oro, visita su web:

www.begonaoro.es

Si te ha gustado este libro, visita

LITERATURA**SM**•COM

Allí encontrarás:

- Un montón de libros.
- Juegos, descargables y vídeos.
- Concursos, sorteos y propuestas de eventos.

¡Y mucho más!

Para padres y profesores

- Noticias de actualidad, redes sociales y suscripción al boletín.
- Propuestas de animación a la lectura.
- Fichas de recursos didácticos y actividades.